LOS MANDAMIENTOS DEL ÉXITO

LOS MANDAMIENTOS DEL ÉXITO

OG MANDINO

EDITORIAL DIANA
MEXICO

1a. Edición, Octubre de 2001
4a. Impresión, Noviembre de 2005

DERECHOS RESERVADOS
©

ISBN: 968-13-3417-5

Título original: TEN COMMANDMENTS OF SUCCESS

Traducción: Jaime Vázquez Vázquez.

Diseño e ilustraciones de interiores y portada: Gerardo Díaz.

Copyright © 1981 by Og Mandino.
Diez mandamientos del éxito apareció en
el libro *El éxito más grande del mundo*.
Published by arrangement with Bantam Books,
an imprint of The Bantam Dell Publishing Group,
a division of Random House, Inc.

Copyright © 2001 por Editorial Diana, S.A. de C.V.
Arenal 24 – Edificio Norte
Ex Hacienda Guadalupe Chimalistac
01050, México, D.F.

www.editorialdiana.com.mx

IMPRESO EN MÉXICO – PRINTED IN MEXICO

Prohibida la reproducción total o parcial de esta obra,
sin autorización por escrito de la casa editora.

El éxito más grande del mundo es una de las obras más reconocidas de Og Mandino. En esta novela corta, el célebre autor de libros de superación personal nos dice cómo triunfar en la vida venciendo las adversidades que se nos presentan, como los defectos físicos, el rechazo de nuestros semejantes o la pérdida de nuestros seres queridos. Para ello, sólo es necesaria la aplicación de los mandamientos del éxito: 10 sencillas normas, enunciadas por el protagonista de la obra, que debido a la gran sabiduría que encierran deben ser conocidas por todo el mundo.

Por eso, Og Mandino quiere compartir con usted los preceptos que rigieron la vida de un hombre llamado Zaqueo*, recaudador de impuestos contemporáneo de Cristo, quien gracias a ellos pudo realizar sus sueños a pesar de enfrentar múltiples obstáculos. Zaqueo afirmó: "Obedecer las leyes de Dios nos proporcionará la admisión en el cielo. Obedecer los mandamientos del éxito puede permitir a cualquiera disfrutar un poco de ese cielo aquí en la Tierra".

Para conocer íntegramente la historia de Zaqueo, lea El éxito más grande del mundo, *publicado por Editorial Diana.*

El primer mandamiento del éxito

Debes trabajar cada día como si tu vida estuviera en juego.

No fuiste creado para una vida de ociosidad. No puedes comer desde la salida del sol hasta el ocaso, ni beber, ni jugar, ni hacer el amor. El trabajo no es tu enemigo, sino tu amigo. Si te quedaran prohibidas todas las maneras de esfuerzo, caerías de rodillas y pedirías la muerte.

Debes trabajar cada día como si tu vida estuviera en juego.

No necesitas amar las tareas que desempeñas. Hasta los reyes sueñan en otras ocupaciones. Sin embargo, tú debes trabajar y es como lo hagas, no lo que hagas, lo que determinará el curso de tu vida. Ningún hombre que es descuidado con el martillo construirá jamás un palacio.

Puedes trabajar en forma monótona o puedes hacerlo lleno de agradecimiento; puedes trabajar como un ser humano o hacerlo como un animal. Aun así, no existe un trabajo tan rudo que no puedas exaltarlo, ninguno tan degradante que no puedas infundirle alma, ninguno tan sombrío que no puedas avivarlo.

Lleva a cabo siempre todo lo que se te pida, y más. Tu recompensa llegará.

Sabe que sólo existe un método seguro de obtener el éxito y éste es por medio del trabajo arduo. Si no estás dispuesto a pagar ese precio para distinguirte, disponte a llevar una vida de mediocridad y pobreza.

Compadece a los que te ofenden y te preguntan por qué haces tanto a cambio de tan poco. Los que dan menos, reciben menos.

Debes trabajar cada día como si tu Vida estuviera en juego.

Nunca caigas en la tentación de disminuir tus esfuerzos, aunque estés trabajando para otro. Tu éxito no es menor si alguien te está pagando por trabajar para ti mismo. Haz siempre tu mejor esfuerzo. Lo que plantes ahora lo cosecharás más tarde.

Siéntete agradecido por tus tareas y por lo que éstas te exigen. Si no fuera por tu trabajo, sin que importe cuán desagradable te parezca, no podrías comer tanto, ni gozar tan agradablemente, ni dormir tan profundo, ni estar tan saludable, ni gozar de las tranquilas sonrisas de gratitud de los que te aman por lo que eres, no por lo que haces.

Debes trabajar cada día como si tu vida estuviera en juego.

El segundo mandamiento del éxito

Debes aprender que, con paciencia, puedes controlar tu destino.

Debes saber que, mientras más tenaz sea tu paciencia, más segura será tu recompensa. No existe ningún gran logro que no sea el resultado de un trabajo y de una espera pacientes.

Debes aprender que, con paciencia, puedes controlar tu destino.

La vida no es una carrera. Ningún camino será demasiado largo para ti si avanzas deliberadamente y sin prisa. Evita, como la peste, todo carruaje que haga un alto para ofrecerte un rápido viaje a la riqueza, la fama y el poder. La vida tiene condiciones tan duras, hasta en sus mejores momentos, que las tentaciones, cuando hacen su aparición, pueden destruirte. Camina. Puedes hacerlo.

La paciencia es amarga, pero su fruto es dulce. Con paciencia puedes soportar cualquier adversidad y sobrevivir a cualquier derrota. Con paciencia puedes controlar tu destino y tener lo que desees.

La paciencia es la clave de la satisfacción para ti y para los que deben vivir contigo.

Comprende que no puedes apresurar el éxito del mismo modo que los lirios del campo no pueden florecer antes de la estación. ¿Qué pirámide se construyó alguna vez si no fue piedra sobre piedra? ¡Cuán pobres son los que no tienen paciencia! ¿Qué herida sanó alguna vez a no ser poco a poco?

Debes aprender que, con paciencia, puedes controlar tu destino.

Todos los inapreciables atributos que los hombres prudentes proclaman como necesarios para alcanzar el éxito, son inútiles si no tienes paciencia. El ser valiente sin paciencia puede matarte. El ser ambicioso sin paciencia puede destruir la carrera más prometedora. El esforzarse por alcanzar la riqueza sin paciencia no hará sino separarte de tu magra bolsa. El perseverar sin paciencia es siempre algo imposible. ¿Quién puede dominarse, quién puede perseverar sin la espera, que es uno de sus atributos?

La paciencia es poder. Empléala para robustecer tu espíritu, para dulcificar tu carácter, para calmar tu enojo, para sepultar tu envidia, abatir tu orgullo, refrenar tu lengua, contener tu mano y entregar todo tu ser, a su debido tiempo, a la vida que mereces.

Debes aprender que, con paciencia,
Puedes controlar tu destino.

El tercer mandamiento del éxito

Debes trazar tu camino con cuidado o siempre derivarás.

Sin el trabajo arduo, has aprendido que nunca podrás tener éxito. Igualmente, sin la debida paciencia. Pero uno puede trabajar con diligencia y ser más paciente que Job y, aun así, jamás elevarse sobre la mediocridad a menos que se tracen planes y se establezcan objetivos.

Debes trazar tu camino con cuidado o siempre derivarás.

Ninguna nave jamás levó anclas y extendió sus velas sin tener un destino. Nunca ejército alguno emprendió la marcha para combatir sin un plan para obtener la victoria. Ningún olivo exhibió jamás sus flores sin la promesa del fruto por venir.

Es imposible avanzar apropiadamente en la vida sin objetivos.

La vida es un juego con pocos jugadores y muchos espectadores. Los que miran son las hordas que vagan por la vida sin sueños, sin objetivos, sin planes ni siquiera para el día siguiente. No los compadezcas. Eligieron ya cuando no eligieron nada. El mirar las carreras desde las tribunas no ofrece peligro. ¿Quién puede tropezar, quién puede caer, de quién se pueden burlar si no hacen ningún esfuerzo por participar?

¿Eres jugador? Como jugador no puedes perder. Los que triunfan pueden llevarse los frutos de la victoria, pero los que salieron hoy derrotados han aprendido lecciones valiosísimas que mañana pueden inclinar las cosas a su favor.

Debes trazar tu camino con Cuidado o siempre derivarás.

¿Qué deseas de la vida? Considéralo por largo tiempo y mucho antes de que decidas, porque puedes obtener lo que pretendes. ¿Se trata de riqueza, poder, un hogar lleno de amor, tranquilidad de espíritu, tierras, respeto, posición?

Sean cuales sean tus objetivos, grábatelos en la mente y nunca los olvides. Comprende que aun eso puede no ser suficiente, porque la vida es injusta. No todos los que trabajan duro y con paciencia y se fijan objetivos, alcanzan el éxito. Sin embargo, sin ninguno de esos tres atributos, el fracaso es algo seguro.

Date a ti mismo todas las probabilidades de triunfar. Y, si fracasas, ¡fracasa luchando!

Traza tus planes hoy mismo. Pregúntate dónde estarás, de aquí a un año, si todavía vas a estar haciendo lo mismo que estás haciendo ahora. Luego decide dónde preferirías estar en términos de riqueza o posición o cualquier otra cosa que sea tu sueño. Enseguida, planea lo que tienes que hacer, en los próximos doce meses, para alcanzar tu objetivo.

Y, finalmente, ¡hazlo!

Debes trazar tu camino con cuidado o siempre derivarás.

El cuarto mandamiento del éxito

Debes prepararte para la oscuridad, mientras viajas bajo la luz del sol.

Comprende que ninguna condición es permanente. En tu vida existen estaciones del mismo modo como existen en la naturaleza. Ninguna situación a la que te enfrentes, buena o mala, será duradera.

Debes prepararte para la oscuridad, mientras viajas bajo la luz del sol.

No hagas planes que abarquen más de un año. Todo depende de cómo se enfrente uno a los inesperados movimientos del enemigo, que no pueden preverse, y de cómo se maneje todo el asunto.

Tu enemigo, si no estás preparado, pueden ser los ciclos de la vida, esos ritmos misteriosos de altibajos que, como las grandes olas, se alzan y caen en las playas del mundo. La marea alta y la baja, la salida del sol y el crepúsculo, la riqueza y la pobreza, el placer y la desesperación, cada una de esas fuerzas prevalecerá en su hora.

Compadécete del hombre rico, que viaja en la marea alta de lo que parece una cadena interminable de grandes logros. Cuando la calamidad lo golpea, está mal preparado y llega a la ruina. Vive siempre preparado para lo peor.

Compadece al pobre, hundido en la marea baja de un fracaso tras otro, de una tristeza tras otra. A la larga deja de esforzarse, precisamente cuando la marea cambia y el éxito viene a su encuentro. Nunca dejes de esforzarte.

Debes prepararte para la oscuridad, mientras viajas bajo la luz del sol.

Ten siempre fe en que las condiciones cambiarán. Aunque en tu corazón haya un gran peso, tengas el cuerpo lacerado y la bolsa vacía y no haya nadie que te consuele... persevera. Del mismo modo como sabes que el sol volverá a aparecer, tu periodo de desgracia debe tener un final. Siempre ha sido así y siempre será.

Y si tu trabajo y tu paciencia y tus planes te han dado buena fortuna, busca a aquellos cuya marea es baja y levántalos. Prepárate para el futuro. Puede llegar un día en que lo que tú hayas hecho por otro, lo hagan por ti.

Recuerda que nada es permanente, pero, sobre todo, atesora el amor que recibes. Éste sobrevivirá mucho después de que tu oro y tu buena salud se hayan desvanecido.

Y considera que puedes perder hasta ese amor, pasado un tiempo, a sabiendas que un día se reunirán por toda una eternidad en un lugar donde no hay ciclos, no hay altibajos, no hay dolor ni pesadumbre y, sobre todo, no hay fracasos.

El quinto mandamiento del éxito

*Debes sonreírle
a la adversidad
hasta que ésta
se te rinda*

Serás más sabio que los demás en cuanto comprendas que la adversidad no es una condición permanente del hombre. Y, sin embargo, esa sabiduría no es suficiente por sí sola. La adversidad y el fracaso pueden destruirte, mientras esperas pacientemente a que la fortuna cambie. Trátalos de una sola manera.

Debes sonreírle a la adversidad hasta que ésta se te rinda.

¡Recibe bien a ambos, con los brazos abiertos!

Puesto que este mandamiento va en contra de toda lógica o razón, es el más difícil de comprender o dominar.

Deja que las lágrimas que derramas sobre tus desgracias te limpien los ojos para que puedas ver la verdad. Comprende que el que lucha contigo siempre fortalece tus nervios y agudiza tus habilidades. Tu antagonista, al final, siempre será tu mejor auxiliar.

La adversidad es la lluvia de la vida: fría, molesta y hostil. Sin embargo, de esa estación nacen el lirio, la rosa, el dátil y la granada. ¿Quién puede decir qué grandes cosas te producirán una vez que hayas sido abrasado por el fuego de la tribulación y empapado por las lluvias de la aflicción? Hasta el desierto florece después de una tormenta.

Debes sonreírle a la adversidad hasta que ésta se te rinda.

La adversidad es también tu maestra más grande. Poco es lo que aprenderás de tus victorias, pero cuando seas empujado, atormentado y derrotado adquirirás un gran conocimiento, porque sólo entonces te familiarizarás con tu ser verdadero, ya que, al fin, estarás libre de los que te adulan. ¿Y quiénes son tus amigos? Cuando la adversidad te abrume, será el mejor momento para que los cuentes.

Recuérdate tú mismo, en tus horas más negras, que todo fracaso es sólo un paso más hacia el éxito, que todo descubrimiento de lo que es falso te dirige hacia lo que es verdadero, que toda prueba agota cierta forma tentadora de error y que toda adversidad sólo cubrirá, durante algún tiempo, tu sendero hacia la paz y la realización.

Debes sonreírle a la adversidad hasta que ésta se te rinda.

El sexto mandamiento del éxito

*Debes comprender
que los planes son sólo
sueños cuando
no hay acción.*

Aquel cuya ambición se arrastra en lugar de elevarse, que está siempre indeciso, que retarda las cosas en vez de actuar, lucha en vano contra el fracaso.

¿No es imprudente el que, viendo que la marea avanza hacia él, se queda dormido hasta que el mar lo arrolla? ¿No es tonto el que, dándosele la oportunidad de mejorar, se queda deliberando hasta que, en vez de él, escogen a su vecino?

Debes comprender que los planes son sólo sueños cuando no hay acción.

Sólo la acción le da a la vida su fuerza, su alegría, su propósito. El mundo siempre determinará tu valía por lo que realizas. ¿Quién puede medir tus talentos por los pensamientos que tengas o las emociones que experimentes? ¿Y cómo demostrarás tus habilidades si siempre eres espectador y nunca jugador?

Anímate. Comprende que la actividad y la tristeza son eternos polos opuestos. Cuando tus músculos se esfuerzan y tus dedos se aferran y tus pies se mueven y tu mente se ocupa en la tarea que tienes entre manos, tienes poco tiempo para la autoconmiseración y los remordimientos. La acción es el bálsamo que cura cualquier herida.

Recuerda que la paciencia es el arte de esperar, con fe, la recompensa que mereces por tus buenas obras, pero que la acción es el poder que las hace posibles. Hasta el tiempo de tu espera, por aquello que has luchado, parece menor cuando estás ocupado.

Debes comprender que los planes son sólo sueños cuando no hay acción.

Nadie actuará por ti. Tus planes seguirán siendo los sueños de un indolente hasta que te levantes y luches contra las fuerzas que te mantienen pequeño. El emprender acción es siempre peligroso, pero el sentarse a esperar a que las cosas buenas de la vida te caigan en el regazo, es la única vocación donde el fracaso destaca.

Todo lo que está entre tu cuna y tu tumba está siempre marcado por la incertidumbre. Ríete de tus dudas y sigue adelante. Y si es descanso lo que buscas, en lugar de trabajo, anímate. Entre más haces, más puedes hacer y mientras más diligente seas, mayor descanso tendrás.

Actúa u otros actuarán antes que tú.

Debes comprender que los planes son sólo sueños cuando no hay acción.

El séptimo mandamiento del éxito

Debes sacudir las telarañas de tu mente antes de que éstas te aprisionen.

a mente es su propio lugar, y en sí misma puede hacer del infierno un cielo, o del cielo un infierno.

¿Por qué sigues pensando en el amor que hace mucho perdieras por tu propia tontería y temeridad? ¿Ese recuerdo te ayudará a lograr una mejor digestión esta mañana?

Debes sacudir las telarañas de tu mente antes de que éstas te aprisionen.

¿Por qué te sigues condoliendode tus fracasos? ¿Mejorarán las lágrimas tus habilidades mientras trabajas hoy para tu familia?

¿Por qué sigues recordando el rostro del que te hizo daño? El pensamiento de una dulce venganza ¿te ayudará a dormir mejor esta noche?

Los amigos muertos, los empleos fallidos, las palabras que hirieron, las penalidades inmerecidas, el dinero perdido, las heridas que no sanan, las metas no alcanzadas, las ambiciones destruidas, las lealtades quebrantadas... ¿por qué has conservado todo ese nocivo acervo como si tuviera algún valor? ¿Por qué has permitido que esas telarañas de infamia se extiendan por el ático de tu mente hasta que ya casi no hay lugar para un pensamiento feliz acerca del presente?

Echa fuera esas hebras trágicas del pasado que se han acumulado con los años. Con el tiempo, sus purulentas entrañas te asfixiarán, si no te apresuras. La capacidad de olvidar es una virtud, no un vicio.

Debes sacudir las telarañas de tu mente antes de que éstas te aprisionen.

Y, sin embargo, saber que el ayer con todos sus errores y cuidados, sus dolores y sus lágrimas, ha pasado para siempre y ya no puede hacerte daño, no es suficiente. De la misma manera tienes que pensar que no puedes hacer nada acerca del mañana, con sus posibles angustias y desaciertos, hasta que el sol vuelva a levantarse. Todo lo que posees, lo que puedes acomodar a tu voluntad, es el momento actual.

Nunca dejes que la preocupación por el mañana ensombrezca el día de hoy. ¡Que locura es esperar el mal antes de que acontezca! No desperdicies el pensamiento de un solo momento en lo que puede que jamás suceda. Preocúpate sólo por el presente. El que se preocupa por las calamidades, las sufre doblemente.

Olvídate del pasado y deja que Dios se preocupe del futuro. Él es mucho más capaz que tú.

El octavo mandamiento del éxito

*Debes aligerar tu carga
si quieres llegar
a tu destino.*

¡Cuán diferente eres ahora del infante que fuiste! Llegaste a este mundo sin nada, pero con los años te dejaste sobrecargar con tanto equipaje pesado, en nombre de la seguridad, que tu viaje por la vida se ha convertido en un castigo en vez de placer.

Debes aligerar tu carga si quieres llegar a tu destino.

Aligera tu carga a partir de hoy.

Comprende que el verdadero mérito del hombre se mide por los objetos que rehúsa perseguir o adquirir. Las grandes bendiciones de la vida ya están dentro de ti o a tu alcance. Abre los ojos a la verdad antes de que tropieces precisamente con los tesoros que tanto buscas. El amor, la paz del espíritu y la felicidad son joyas que ninguna condición de fortuna, ninguna cantidad de tierras o monedas, pueden exaltar o despreciar.

¿Qué recompensa hay en el oro, las sedas y los palacios si su posesión destruye la felicidad que tan ciegamente diste por sentada? La mayor falsedad del mundo es que el dinero y las propiedades pueden llenar de gozo tu vida. Si la riqueza se convierte en parte de tu equipaje, empobrecerás, porque entonces no serás más que un asno cuyo lomo se dobla bajo el peso del oro que debes soportar hasta que la muerte aligere tu carga.

Debes aligerar tu carga si quieres llegar a tu destino.

De todos los bienes materiales innecesarios que abrazas, de todos los placeres que gozas, no te podrás llevar de este mundo más de lo que puedas sacar de un sueño. Admite la riqueza de mala gana en tu hogar, pero nunca en tu corazón.

Y no le envidies a ningún hombre sus grandes posesiones. Su equipaje sería demasiado pesado para ti, como ya lo es para él.

Tú no podrías sacrificar, como él, salud, paz, honor, amor, tranquilidad y conciencia, para obtenerlas. El precio es tan alto que, al final, el trueque se convierte en una gran pérdida.

Simplifica tu vida. Es más rico aquel que se contenta con lo menos.

Debes aligerar tu carga si quieres llegar a tu destino.

El noveno mandamiento del éxito

*Nunca debes olvidar
que siempre
es más tarde
de lo que piensas.*

Recuerda que el negro camello de la muerte siempre está cercano. Vive siempre con el pensamiento de que no vas a vivir para siempre. Es tal la ironía de la vida que ese conocimiento, por sí solo, te permitirá gustar de la dulzura de cada nuevo día en vez de que lamentes la oscuridad de tus noches.

Nunca debes olvidar que siempre es más tarde de lo que piensas.

Todos hemos estado muriendo, hora tras hora, desde el momento en que nacimos. Esta comprensión deja que todas las cosas se ubiquen en su perspectiva apropiada, para que tus ojos se abran hasta que veas que esas montañas que te amenazan sólo son montículos de hormigas, y esas bestias que tratan de devorarte, no son sino mosquitos.

Vive con la muerte como tu compañera, pero nunca la temas. Muchos tienen tanto miedo de morir que jamás viven; tenles compasión. ¿Cómo pueden saber que la felicidad de la muerte se nos oculta para que así podamos soportar mejor la vida?

Imagínate que hoy en la noche te llamen para siempre. Vierte lágrimas ahora, mientras puedes hacerlo, por ese día de felicidad que le prometiste a tu familia la semana pasada y la semana anterior, por el día de amor y de risas del que nunca pudieron gozar, porque estabas demasiado ocupado en perseguir el oro. Y ahora, tu familia tiene el oro, es verdad, pero con todo él ni siquiera pueden comprar la más leve de tus sonrisas.

Nunca debes olvidar que siempre es más tarde de lo que piensas.

Vierte lágrimas ahora, mientras tu corazón late todavía, por las flores cuyo aroma nunca aspirarás, las buenas obras que jamás harás, la madre a la que nunca visitarás, la música que ya no escucharás, las penas que nunca aliviarás, las tareas que no completarás, los sueños que jamás realizarás.

Recuerda que siempre es más tarde de lo que piensas. Fija esa advertencia en lo más profundo de tu mente, no para que te cause congoja, sino para que recuerdes que el día de hoy puede ser todo lo que te quede.

Aprende a vivir con la muerte, pero nunca huyas de ella.

Porque si mueres, tú estarás con Dios; y si vives, Él estará contigo.

El décimo mandamiento del éxito

*Nunca debes esforzarte
en ser otra cosa
que tú mismo.*

Ser lo que eres y convertirte en lo que eres capaz de llegar a ser, es el secreto de una vida feliz.

Toda alma viviente tiene diferentes talentos, diferentes deseos, diferentes facultades. Sé tú mismo. Trata de ser cualquier otra cosa que no sea tu ser genuino y, aunque engañes al mundo entero, serás diez mil veces peor que nada.

Nunca debes esforzarte en ser otra cosa que tú mismo.

Nunca desperdicies ningún esfuerzo en elevarte a algo que no eres, por agradar a otros. Jamás te pongas máscaras falsas para satisfacer tu vanidad. Nunca te esfuerces porque te estimen por tus logros, o dejarán de estimarte por ti mismo.

Observa a las plantas y a los animales del campo, cómo viven. ¿Produce una planta de algodón siquiera una manzana? ¿Alguna vez ha producido un granado una naranja? ¿Acaso intenta volar un león?

Sólo el hombre, entre todos los seres vivientes, neciamente se esfuerza por ser distinto de lo que está destinado a ser, hasta que la vida lo marca como un inadaptado. Los inadaptados son los fracasos del mundo, corriendo siempre tras una carrera más fructífera que jamás encuentran, a menos que miren detrás de ellos.

Tú no puedes escoger tu vocación. Tu vocación te escoge a ti. Has sido bendecido con capacidades especiales que son sólo tuyas. Úsalas, sean cuales fueren, y no trates de ponerte el sombrero de ningún otro. Un talentoso conductor de carrozas puede ganar oro y renombre con sus habilidades, pero ponlo a cortar higos y se morirá de hambre.

Nunca debes esforzarte en ser otra cosa que tú mismo.

Nadie puede ocupar tu lugar.

Compréndelo y sé tú mismo. No tienes obligación de triunfar. Tu única obligación es la de que seas tú mismo.

Haz tu mejor esfuerzo en las cosas que mejor haces y sabrás, en tu alma, que eres el éxito más grande del mundo.

Nunca debes esforzarte en ser otra cosa que tú mismo.

ESTA EDICIÓN SE TERMINÓ DE IMPRIMIR
EL 25 DE NOVIEMBRE DE 2005 EN
CONSORCIO PUBLICITARIO MILENIUM
JOSÉ MARÍA VÉRTIZ NO. 918
COL. NARVARTE MÉXICO
C.P. 03020 MÉXICO, D.F.